Guerra dei Trent'anni

Storia per principianti

Circostanze, corso ed effetti della Guerra dei Trent'anni e il lungo cammino verso la pace

Markus Neustedt

CONTENUTI

Cosa può aspettarsi da questo libro

Nuvole scure gettano un'ombra sull'Europa del XVII secolo e colorano il continente di una nebbia oscura. Quando scoppiano, un diluvio di sangue e sudore si abbatte sui Paesi, distruggendo paesaggi e spazzando via intere città. Non c'è mai stata una guerra più spietata nella storia dell'Europa. Tra la costruzione di uno Stato e i conflitti religiosi, i soldati vengono mandati incontro a morte certa e i villaggi vengono rasi al suolo. Ma quanto conosciamo le circostanze in cui l'Europa viene portata al disastro? Come se la passano le persone che sono direttamente colpite dalle conseguenze della guerra?

L'orrore inizia con una rivoluzione che scuote la supremazia degli Asburgo nell'Europa centrale. Sempre più nazioni rimangono invischiate nel groviglio di vendette e obblighi di fedeltà. La nuova impresa militare ha reso la guerra un affare redditizio per principi e duchi. Con le battaglie, le inibizioni contro la brutalità e la mania distruttiva svanirono. Quando le truppe cattoliche si radunano davanti alle mura di una roccaforte protestante, si prospetta un devastante omicidio di massa. E quando Francia e Spagna dichiarano guerra, la sopravvivenza della popolazione è minacciata.

Ma cosa succede alle persone che non vanno in battaglia? La popolazione in condizioni di povertà deve affrontare un nemico insolito: la propria nazione. Le testimonianze dei tempi passati raccontano dei terribili crimini commessi contro le donne nei villaggi. I contadini perdono più di quanto possiedono di fronte alla guerra e lavorano quasi fino alla morte. La situazione è particolarmente pericolosa quando le malattie si diffondono e le pire funerarie vengono riutilizzate.

La lunga strada verso la pace è ardua e lastricata di crudeltà. Quasi la metà della popolazione europea è vittima della guerra. Le impressioni sui loro vizi, le figure principali della guerra e le battaglie più importanti la attendono in questo libro.

Il cammino oscuro dell'Europa

POVERTÀ, FAME E PESTILENZA

Che immagine ha dell'Europa del XVII secolo? Immagini come potrebbe nascere una guerra. Senza dubbio ricorderà che le grandi guerre mondiali non sono scoppiate all'improvviso, ma si sono basate su vari eventi e conflitti avvenuti negli anni precedenti. Il XVII secolo non è diverso. Il percorso dell'Europa verso una guerra apocalittica iniziò molto prima della cosiddetta

'Defenestrazione di Praga' nel 1618, tradizional-
mente intesa come lo scoppio della guerra.

Varie crisi affliggono la popolazione europea
nei decenni che precedono la catastrofe e
spingono il continente verso un percorso oscuro.
Emergenze economiche, conflitti religiosi e statali
e malattie induriscono i cuori e le menti di tutti gli
europei.

Già a partire dal 1560, si registrano condizioni
climatiche eccezionali, che vengono definite una
"piccola era glaciale". Gli inverni a venire sono
particolarmente rigidi e prolungati, le estati per lo
più umide e con bassi raccolti. Si tratta di condizioni disastrose per una popolazione che dipende
dai rendimenti degli agricoltori locali, se non dai
propri raccolti. Anche la qualità delle foreste, delle
pietre e dei metalli risente dell'ondata di freddo,
rendendo i materiali utilizzabili più scarsi. Il geo-
grafo contemporaneo Rüdiger Glaser registra anche una frequenza impressionante di tempeste
sull'Europa centrale nel 1612, e nel 1615 anche i
pozzi iniziano a gelare.
La situazione è particolarmente difficile nel Sacro
Romano Impero della Nazione Tedesca, che è stato
una terra di immigrazione per oltre un secolo.

Soprattutto dopo la Pace Religiosa di Augusta del 1555, l'impero si sviluppò come una nuova e promettente casa per i protestanti in Europa. La popolazione è cresciuta di quasi il 100 percento tra il 1500 e il 1618, ma con l'aumento del numero di cittadini, le possibilità di trovare un lavoro retribuito sono diminuite, in un periodo in cui gli inverni rigidi e le estati povere hanno portato a un rapido aumento dei prezzi dei generi alimentari.

Oltre alla fame, un altro abitante mortale si aggira per le terre afflitte: è la peste.

È tornata, diffondendosi attraverso pidocchi e pulci che cercano un rifugio caldo nei cappotti lussureggianti delle persone infreddolite. Il Giudizio Universale incombe. Almeno così sembrava ai testimoni dell'epoca, che interpretavano i disastri naturali nella loro visione del mondo cristiana come forieri dei tempi finali. E l'idea non è così imprecisa.

L'Europa è testimone di un elenco considerevole di guerre che precedono e aprono la strada alla Guerra dei Trent'anni. I loro motivi sono diversi, ma lei sarà testimone del disastro in cui convergeranno tutti. Per comprendere le cause degli orrori degli anni a venire, vale la pena fare un'ampia panoramica dei principali conflitti.

Emancipazione dei Paesi Bassi

"Guerra di costruzione dello Stato" è la parola chiave coniata dallo storico Johannes Burkhardt in relazione alla Guerra dei Trent'anni. In realtà, questo vale soprattutto per i Paesi Bassi:

Sulla base di un vecchio concetto giuridico, nel XVI secolo i Paesi Bassi erano considerati parte del Sacro Romano Impero. Tuttavia, gli atteggiamenti olandesi si allontanarono sempre più da questa appartenenza. Le prime rivolte contro il dominio asburgico scoppiarono nel 1566. Il re asburgico di Spagna, Filippo II, esercitava attualmente la sovranità sull'importante nazione commerciale. L'obiettivo delle rivolte era quello di convincere le importanti province dell'Olanda e della Zelanda in particolare a diventare indipendenti. Si battono per la libertà delle loro confessioni e per una maggiore autonomia politica - in opposizione alla centralizzazione cattolica voluta da Filippo.

Alla fine del XVI secolo, le province settentrionali dei Paesi Bassi si affermarono contro la repressione spagnola e formarono un'alleanza di orientamento calvinista che si distinse nettamente dalle altre province. Questo fece guadagnare loro il rispetto della corona inglese e dei Borboni come alleati. Tuttavia, la crisi divenne un peso crescente per il Regno di Spagna. Quando la Spagna intervenne anche nei conflitti religiosi interni alla Francia, la grande potenza raggiunse i suoi limiti. Nel 1596, le banche sono vuote.

Il conflitto sembrò volgere al termine quando i negoziati di pace con i Paesi Bassi iniziarono nel 1607 sotto Filippo III. Il reggente spagnolo dichiarò di accettare l'indipendenza della nazione dal partito calvinista. Tuttavia, questo non significava la fine. Gli olandesi potevano fare poco con i termini di pace spagnoli. Non erano disposti a garantire né la tolleranza dei cattolici né la cessazione del loro commercio all'estero. E così il conflitto continuò. Alla fine di luglio del 1617, Filippo III firmò il

Trattato segreto di Oñate con gli Asburgo in Austria. È disposto a sacrificare la sua successione al trono in Boemia e Ungheria per il diritto di governare in Alsazia, che apre un'importante via di approvvigionamento per le sue truppe nei Paesi Bassi.

In questa occasione di una possibile nuova minaccia da parte della Spagna, il conflitto tra sostenitori e oppositori del corso di pace nei Paesi Bassi arrivò al culmine. L'importante statista Johann van Oldenbarnevelt si schierò a favore di una politica estera prudente, mentre Moritz von Oranienburg guidò il movimento antispagnolo. Dopo che quest'ultimo partecipa a un servizio organizzato dai resistenti radicali alla pace nell'estate del 1617, inizia un conflitto aperto tra le due parti. Johann van Oldenbarnevelt fu decapitato all'Aia nel 1619. Il verdetto: alto tradimento. Ma la guerra ispano-olandese stava per entrare nel suo secondo round.

Bastioni del cristianesimo
Chiunque scelga i Paesi Bassi come alleato è da tempo un nemico degli Asburgo. La competizione

tra Francia e Spagna per l'egemonia europea è iniziata 200 anni prima. La sovranità sull'Italia e sulla parte occidentale del Sacro Romano Impero della Nazione tedesca è particolarmente ambita.

Nel 1601, la situazione si ribalta a favore dei francesi. La Francia firma la Pace di Lione con la Savoia. Di conseguenza, la superpotenza spagnola perde un'importante via di approvvigionamento attraverso la Savoia. Inoltre, la Francia sostiene sempre più gli oppositori degli Asburgo in Europa. Ma la Spagna la fa franca per il momento. Nel 1610, il re borbonico Enrico IV viene assassinato. In risposta, scoppia una guerra civile in Francia. Il conflitto con la Spagna si raffredda per il momento, poiché Luigi XIII deve preoccuparsi di stabilizzare il proprio Stato. Tuttavia, la Guerra dei Trent'anni non è ancora scoppiata.

I Goti contro la Danimarca
Anche le zone più settentrionali dell'Europa sono caratterizzate da conflitti costanti. Dal 1600, ci sono stati scontri militari nella regione baltica. Il protagonista è la superpotenza in ascesa Svezia, che rivendica l'antico impero invocando le sue radici gotiche. Ad opporsi è il Regno di Danimarca.

Il re danese Cristiano IV governava sulla Norvegia e sui ducati di Schleswig e Holstein, oltre alla sua patria. Non avrebbe rinunciato alla sua regione baltica così rapidamente. Dopo tutto, i dazi doganali sullo Stretto di Sund erano una delle principali fonti di reddito del regno.

La Svezia è diventata un degno avversario negli ultimi anni. Soprattutto sotto la riforma di Gustavo II Adolfo per promuovere il cattolicesimo e la centralizzazione, l'esercito svedese è cresciuto in dimensioni ed efficienza. Tuttavia, la Danimarca non era l'unica spina nel fianco degli Svedesi. Nel 1617, conquistarono la Carelia e l'Ingermanlandia contro la Russia e presto anche la Polonia fu in guerra con loro.

"Lunga guerra turca"

L'Impero Ottomano rappresentava una nuova minaccia per l'Europa centrale. Sotto il Sultano Solimano il Magnifico, la grande potenza proveniente dall'Oriente è avanzata fino ai confini del Sacro Romano Impero. I Paesi sotto il dominio degli Asburgo in particolare, come l'Ungheria, dovevano prepararsi a un possibile conflitto.

Nel 1593, il Sultano Murad III rompe la tregua di 25 anni con l'Imperatore e inizia la "lunga guerra turca" con una grande campagna contro Ungheria, Boemia e Austria. Solo nel 1606 il Sultano fu costretto a riconoscere l'Imperatore come sovrano alla pari e a pagargli un tributo una tantum.

DECADIMENTO INTERNO

Nello stesso Sacro Romano Impero, il conflitto tra le confessioni crebbe e scosse i solidi pilastri asburgici. I fronti che si formano qui dipingeranno il quadro distruttivo della Guerra dei Trent'anni e contribuiranno a spietati eccessi di violenza. Il conflitto si basa su una costituzione che entrambe le parti cercano di volgere a proprio favore e che viene riassunta di seguito.

L'ordine imperiale e la ricerca di un compromesso
Difficilmente assomiglia a ciò che si intende oggi per una vera e propria Costituzione. Nel XVII secolo, l'ordine imperiale era costituito da convenzioni tradizionali e decisioni isolate del passato.

La Bolla d'Oro: nel 1356, la Bolla d'Oro definì il Sacro Romano Impero come una monarchia elettiva. Le elezioni sono tenute dal Collegio Elettorale, composto da quattro elettori secolari e tre ecclesiastici. I voti secolari nell'elezione imperiale appartengono al Re di Boemia, agli Elettori di Sassonia, ai Conti di Mercato di Brandeburgo e al Conte Palatino. Dall'altra parte, gli arcivescovi di Colonia, Magonza e Treviri votano come rappresentanti spirituali.

Pace fondiaria: dal 1495, la Pace fondiaria generale proibisce l'esecuzione della giustizia vigilante attraverso le faide. La mancata osservanza di tale divieto comporta la pena per la violazione della pace, ossia la perdita della protezione legale. Una riforma dell'ordine imperiale a metà del XVI secolo conferì alle tenute imperiali una maggiore influenza sull'imperatore. D'ora in poi, le loro voci furono ascoltate anche quando si trattava di autorizzazioni fiscali e nuove leggi. Inoltre, le tenute imperiali ricevettero una giurisdizione. Nel 1600, il Tribunale della Camera Imperiale, che era virtualmente indipendente dall'Imperatore, era di nuovo su un terreno solido. Per garantire l'applicazione delle leggi imperiali, delle sentenze e della pace del Paese, furono istituiti dei circoli imperiali incaricati del potere esecutivo. Allo stesso tempo, fu costituito un tribunale separato per l'Imperatore, la Corte di Giustizia Imperiale, che assicurava la sua funzione di autorità legale. Le conseguenze della riforma imperiale divennero problematiche quando diverse tenute imperiali si convertirono alla fede protestante, nonostante il divieto dell'Editto di Worms del 1521. Questo creò complicazioni legali per i principi ecclesiastici di fronte alle leggi imperiali, perché a differenza dei principi secolari, la denominazione dei loro territori si basava su di loro.

Il conflitto risultante sembrava senza speranza. Anche i tentativi militari dell'imperatore Carlo V di riportare i principi al cattolicesimo fallirono.

Quando anche le rivolte protestanti ebbero successo nel 1151/52, fu finalmente firmato il Trattato di Passau, che prometteva la pace tra le fazioni religiose. Gli sforzi culminarono nella Pace di Augusta del 1555, che proibì la violenza basata sulle differenze di opinione religiose e la condannò addirittura come una violazione della pace. Questo vale almeno per la protezione dei luterani. I calvinisti sono ancora considerati una setta e non sono protetti dalla legge. Le tenute imperiali luterane possono mantenere la loro denominazione, ma i principi ecclesiastici non possono più cambiarla.

La situazione sta tornando a galla

Per un certo periodo, la Pace di Augusta aiutò a preservare la libertà religiosa e a promuovere relazioni ragionevolmente pacifiche tra le confessioni. Ma ora erano i cattolici a sentirsi svantaggiati e a partire dagli anni '70 del Cinquecento volevano sempre più affermarsi contro i protestanti. Solo con il sostegno di diversi sovrani fu possibile realizzare una riforma e una controriforma cattolica, che rafforzò gli sforzi dei cattolici per ristabilire la loro denominazione e diffonderla tra i seguaci protestanti.

La situazione arrivò a tal punto che la Dieta Imperiale negò all'amministratore protestante di Magdeburgo il diritto di voto nel 1582. Poco dopo, l'Arcivescovo di Colonia fu deposto dal Papa perché aveva rotto il suo celibato e si era convertito alla fede protestante. L'arcivescovo lascia la sua Colonia ai cattolici - ma non senza resistenza - e può essere allontanato solo con la forza delle armi.

Dopo che i protestanti sequestrano le bandiere dei cattolici durante una processione cattolica a Donauwörth nel 1607 e marciano per le strade sporche, il conflitto nell'impero raggiunge il suo apice. L'Arciduca di Baviera, Massimiliano, invia i suoi soldati cattolici nella città e la sequestra. I protestanti vengono condannati davanti alla Corte Imperiale. Poco dopo la cattura, Massimiliano inizia a ricattolicizzare la città. L'arciduca dell'Austria Interna e presto Sacro Romano Imperatore, Ferdinando di Stiria, sostenne i bavaresi e nel 1608 chiese ufficialmente a tutti i protestanti di restituire le proprietà della chiesa cattolica, che erano state 'alienate' dal 1552, alle cure dei cattolici.

In risposta a questa richiesta, gli Stati Imperiali luterani fondarono un'unione di sostenitori protestanti con un proprio esercito nel maggio 1608. Un anno dopo, Massimiliano di Baviera rispose con una Lega cattolica di nuova fondazione.

Defenestrazione di Praga

Nella tradizione storica, la "Defenestrazione di Praga" segna l'inizio della Guerra dei Trent'anni. Soprattutto, il ruolo della Boemia nella politica europea è decisivo. La Boemia cattolica formava la maggioranza nel Collegio Elettorale del Sacro Romano Impero. Il loro voto assicura il ruolo del cattolicesimo nell'elezione imperiale e quindi anche la pretesa degli Asburgo di fornire l'imperatore.

La maggioranza della popolazione boema, compresa la maggior parte della nobiltà, non era più cattolica da tempo, ma credeva negli insegnamenti del riformatore Jan Hus. Per la delusione della Boemia, il pio cattolico e controriformatore Ferdinando di Stiria fu eletto alla corona di San Venceslao sotto l'imperatore Mattia II nel giugno 1617 e incoronato a Praga. L'anno successivo, ricevette anche la corona d'Ungheria.

La popolazione protestante osservava il nuovo re con crescente preoccupazione. La paura di una controriforma porta a disordini in Boemia. L'imperatore Mattia tenta maldestramente di sedare i disordini con un tono pungente, ma si scontra con un'atmosfera sempre più accesa.

Il 23 maggio 1618, i nobili protestanti nel Castello Hradcany di Praga tentarono di chiedere ai governatori cattolici di giustificare la reazione dell'Imperatore Mattia. Poco dopo, la discussione si trasformò in un violento scontro. Infuriati, i nobili costringono due governatori e il loro segretario a entrare nell'Ala Ludvik. I cattolici vengono gettati dalle finestre nell'abisso profondo 17 metri - e sopravvivono.

Ma ora l'atmosfera è di rivoluzione. I ribelli si costituiscono come nuovo Parlamento ed eleggono un nuovo Governo per la Boemia. Un giorno dopo, viene formato il loro esercito e il Re Ferdinando II è costretto ad abdicare. Le conseguenze non tardano ad arrivare e danno inizio alla prima grande battaglia della Guerra dei Trent'anni.

Suggerimento:

Si chieda se la Guerra dei Trent'anni fu davvero una "guerra di costruzione dello Stato" (Burkhardt). Visualizzi i motivi dei vari pre-conflitti.

Confronti la Defenestrazione di Praga con altre rivoluzioni che conosce. Questo le permetterà di comprendere le diverse forme e gli effetti delle rivoluzioni.

Battaglie di dan-
nati

La guerra sta infuriando. E i primi eserciti si preparano a marciare verso il campo nemico. Battaglie su battaglie si accumulano l'una sull'altra in pochissimo tempo. Quali sono i teatri che determinano il corso della guerra? Accompagni i comandanti più importanti nelle loro campagne in Europa e si faccia un'idea dell'enorme portata della guerra. Una linea di conflitto permanente e di devastazione si estende da Praga attraverso il Mar Baltico fino alla Germania meridionale.

RE D'INVERNO E GIUDIZIO DI SANGUE

1619-1625

A Praga si respira un'atmosfera rivoluzionaria. Dopo la Defenestrazione di Praga e l'espulsione di Ferdinando di Stiria, la Boemia si trova di fronte alla questione di un nuovo custode della corona di Venceslao. Una domanda la cui risposta scatenerà la prima grande battaglia della Guerra dei Trent'anni. Dopo un pio re cattolico, era ora di grande interesse per il governo boemo poter finalmente nominare un reggente protestante che rappresentasse e sostenesse la confessione della maggioranza. Il nuovo re deve simboleggiare l'autonomia del governo di Praga e incarnare la sua rivendicazione della denominazione protestante. La notizia della deposizione di Ferdinando raggiunge presto il Palatinato Elettorale. L'Elettore protestante Federico V governava qui con il suo Cancelliere calvinista convinto, Cristiano I di Anhalt-Bernburg. Nella sua ricerca di un nuovo monarca, riconosce l'opportunità di indebolire la sfera di influenza degli Asburgo e quindi anche quella dei cattolici. Per conquistare il loro favore, il Cancelliere invia un sostegno militare a Praga. Il governo di Praga offrì rapidamente all'Elettore Federico la corona. La sua confessione e i buoni legami con la famiglia reale inglese erano particolarmente convincenti della competenza del nobile palatino. Sebbene il suo stesso consiglio lo sconsigliasse, Federico accettò l'elezione a re nell'agosto 1619. In ottobre, arriva a Praga con la moglie Elisabetta Stuart. Una grave battuta d'arresto per gli Asburgo.

Ma le cose vanno diversamente da quanto sperato. Il nuovo re diventa rapidamente impopolare tra il popolo. La sua iconoclastia radicale, in particolare, fece diminuire drasticamente la sua reputazione. Iniziarono persino a formarsi delle rivolte quando Federico V volle far smantellare le icone della Cattedrale di San Vito e del Ponte Carlo. Nel frattempo, i ribelli boemi cercano di espandere il loro esercito in preparazione di una possibile azione di vendetta contro la Lega Cattolica Imperiale. La Slesia si unisce ai ribelli di Praga già nell'ottobre dell'anno precedente. Dopo la morte di Mattia II, Sacro Romano Imperatore della Nazione Tedesca, nel marzo 1619, altri ducati tedeschi osano sostenere la Boemia. Essi formano la *Confoederatio*

Bohemica. Il successore di Mattia è Ferdinando di Stiria, ora Ferdinando II. Egli promette immediatamente al leader della Lega Cattolica, Massimiliano di Baviera, la dignità elettorale del Palatinato se riuscirà a riconquistare la Boemia e ad espellere il nuovo re. I primi partiti in guerra rimangono in piedi. La Confederazione e la Lega si scontrano presto.

Dopo diverse campagne di successo in direzione di Praga, l'esercito imperiale cattolico guidato dal generale Johann von Tilly si trova alle porte della capitale. Un ultimo disperato tentativo di fermare le forze che avanzano culmina nella Battaglia della Montagna Bianca, che si spera possa dare alle truppe boeme un vantaggio strategico. Ma anche la collina non riuscì a tenere il passo con la forza della Lega. Una breve battaglia ebbe luogo l'8 novembre 1620. La Confederazione boema subisce la sua ultima e più pesante sconfitta fino a quel momento. La rivolta boema crolla e Federico, che rimane nel Castello di Hradcany per tutta la durata della battaglia e cerca di appellarsi agli ambasciatori inglesi per ottenere sostegno, fugge in esilio nei Paesi Bassi.

Dopo la riconquista della Boemia, Ferdinando II mostra poca considerazione. L'imperatore voleva dare l'esempio. Impone 27 condanne a morte, alcune delle quali sono arbitrarie. Dieci nobili boemi e 17 contadini sono sulla lista nera. Le vittime di solito vengono a conoscenza della loro sentenza solo pochi giorni prima. Il 21 giugno 1621, l'Imperatore fece erigere un palco davanti al Municipio Vecchio. La decapitazione e l'impiccagione continuano per quattro ore, con diverse lame che vengono consumate. Per aumentare l'umiliazione, i tamburini suonavano così forte che le ultime parole dei condannati non potevano essere udite. Il sanguinoso atto di vendetta ottiene il suo effetto. Per mettere in guardia da future rivolte, l'Imperatore fa anche attaccare 12 teste mozzate alla torre del ponte verso la Città Vecchia, dove vengono montate su lunghe lance e testimoniano per 10 anni gli orrori del 'Tribunale del sangue di Praga' e la prima grande battaglia della Guerra dei Trent'anni. Le terre boeme vengono vendute principalmente ai nobili cattolici dell'Impero.

Anche la patria di Federico se la passò male. Nel 1622, Massimiliano I di Baviera si impadronì di ciò che l'Imperatore gli aveva promesso. La capitale

Heidelberg viene incendiata, i soldati saccheggiano l'argento e l'oro e la Biblioteca Palatina, uno dei più importanti depositi di letteratura medievale, viene completamente trasferita in Vaticano. Il cattolicesimo viene imposto al Palatinato Elettorale e tutto il clero protestante viene espulso entro il 1625.

Il breve regno di Federico V in Boemia non porta una testimonianza gloriosa dell'Unione protestante. Solo il titolo degradante di 'Re d'inverno' racconta il fatale regno sotto Federico, che fu di breve durata e non fece altro che indebolire il potere degli Asburgo.

Suggerimento:

Visiti oggi il Municipio della Città Vecchia di Praga. Qui troverà 27 croci bianche incastonate nel pavimento. Potrà farsi un'idea della cultura del ricordo in Boemia.

DANIMARCA E WALLENSTEIN

1624-1628/29

Dopo la repressione delle rivolte boeme, due capi delle truppe mercenarie dell'ex Re d'Inverno fuggono in Bassa Sassonia. Christian von Braunschweig ed Ernst von Mansfeld utilizzano la regione per rifornire i loro soldati. I soldati consumano i rifornimenti e gran parte del lavoro dei contadini locali. Ma impongono un ulteriore peso alle città della Bassa Sassonia. Con la loro presenza, i comandanti protestanti possono provocare una violenta ricattolicizzazione da parte della Lega, le cui truppe sono stanziate poco lontano. Per evitare questo, i possedimenti della Bassa Sassonia hanno elaborato un piano per distrarre le truppe imperiali con la minaccia di una guerra europea. La Bassa Sassonia cerca il sostegno di Cristiano IV di Danimarca, in particolare. Il re danese ha la sovranità sull'Holstein ed è anche un membro del circolo della Bassa Sassonia.

Il regno nordico conquista diverse città nel nord della Germania poco prima. La corona danese viene presto intronizzata sulla città particolarmente influente di Amburgo. Rafforzato,

Cristiano si dichiara ora sotto la protezione della Bassa Sassonia, ma tarda a rendersene conto. Cristiano di Brunswick tenta per la prima volta di riportare gli eventi sotto il suo controllo nella primavera del 1623, ma la Lega Cattolica risponde ai suoi sforzi di riconquista della Boemia avanzando a sud fino alla Bassa Sassonia. Nella battaglia di Stadtlohn, l'esperto Johann von Tilly blocca gli sforzi di Brunswick.

Cristiano IV inizialmente rimane cauto. Era preoccupato che la Svezia potesse conquistare parti del Mar Baltico e della Danimarca durante il suo coinvolgimento con la Bassa Sassonia. Il monarca sperava anche di ricevere rinforzi dalla Francia e dall'Inghilterra.

La svolta avvenne nel 1624. Giacomo I, Re d'Inghilterra, non negoziò più la pace con gli Asburgo spagnoli e passò all'offensiva. Allo stesso tempo, anche la Francia, che era stata ostile all'Imperatore per qualche tempo, strinse i suoi fronti contro l'Imperatore sotto la politica estera del Cardinale Richelieu. Verso la fine dell'anno, gli Stati Generali dichiarano la loro alleanza ufficiale con la Danimarca. L'anno successivo, viene formato un nuovo esercito dalla Bassa Sassonia sotto la guida di Cristiano IV. L'Imperatore emise un mandato nel tentativo di impedire il riarmo della Bassa Sassonia. Le truppe imperiali di Tilly marciano nella zona di guerra della Bassa Sassonia per assicurarne l'attuazione.

I tempi sono maturi per un altro protagonista della Guerra dei Trent'anni. La corte reale viennese discute un'offerta che difficilmente potrà rifiutare. Nel 1625, il nobile Duca Albrecht von Wallenstein, che possiede anche un territorio in Boemia, offre all'Imperatore di radunare il proprio esercito per sostenere le truppe imperiali in vista delle tensioni al confine con la Bassa Sassonia. Nel tardo autunno di quell'anno, l'imprenditore militare porta sotto il suo comando ben 40.000 mercenari, con i quali si unisce a Tilly. Nei mesi successivi, la situazione cambiò radicalmente a favore dell'Imperatore. Gli Ugonotti si ribellano in Francia e il re inglese inizia una guerra con la Spagna. Il loro sostegno alla Danimarca diminuisce.

Cristiano IV sottovaluta la situazione. Quando le truppe imperiali furono distratte dalle rivolte dei contadini nel 1626, il monarca danese si sentì pronto a combattere. L'esercito danese viene sconfitto a Lutter am Barenberg e l'alleanza della Bassa

Sassonia crolla. Durante l'inverno, molte tenute della contea sono costrette a riaffermare la loro fedeltà all'Imperatore. L'eroe contro i danesi, Wallenstein, che aveva fornito all'Imperatore un enorme esercito e lo guidava lui stesso, marciò più a nord. Il generale cattura lo Schleswig, l'Holstein e lo Jutland, scacciando finalmente i danesi dal suolo tedesco. Cristiano IV ordina la ritirata.

FRONTE PARTIGIANO

1626-1630s

L'esercito di Wallenstein arriva al momento giusto per l'imperatore. Tuttavia, la popolazione disprezzava ampiamente i soldati. Nel 1625, la regione di Harz in particolare fu oppressa dalla presenza dei soldati cattolici e terrorizzata da loro. L'anno successivo, i contadini e gli artigiani formarono un'alleanza armata. Indossando l'armatura dei cacciatori, i 600-800 uomini si chiamano "Freye Harzschützen". La loro conoscenza della regione diede loro il vantaggio, amaramente necessario, di provocare disordini nell'esercito imperiale. Trasformarono la regione di Harz in una terra insicura per i soldati. Nel luglio del 1627, riuscirono a prendere d'assalto il castello di Klettenberg e Stiege. Nel farlo, però, suscitarono la piena ira vendicativa della Lega.

Poco dopo, i soldati imperiali catturano la roccaforte di Beckenstein e altri rifugi dei Freyen Harzschützen. Non passa molto tempo prima che l'importanza dei partigiani scompaia.

Solo una volta, dopo la distruzione di Magdeburgo nel 1631, riappaiono per un breve periodo.

Il loro capitolo può essere stato breve e insignificante per il corso della Guerra dei Trent'anni, ma la loro storia dimostra che la guerra è in realtà sempre condotta sopra le teste della popolazione. Non è una prova patriottica di lealtà, ma una degradazione degli interessi civili. I Freyen Harzschützen cercarono invano di difendersi da questa tirannia dell'Imperatore.

Suggerimento:
Confronti i Freyen Harzschützen con altre rivolte contadine o civili durante la Guerra dei Trent'anni. Quali ritiene siano stati i fattori importanti per il successo della resistenza?

IL LEONE DI SVEZIA

Nel 1630, l'Imperatore affrontò la più grande minaccia della Guerra dei Trent'anni. Mai prima di allora la sua sovranità era stata così minacciata. La Svezia decide di unirsi al conflitto europeo - apparentemente con la scusa di sostenere i protestanti in pericolo e soggiogati in Germania.

Gli svedesi possono fare riferimento a un'antica eredità dell'Impero Gotico. Si tratta della pretesa di governare la maggior parte del mondo. E l'espansione degli Asburgo mise a rischio questa pretesa.

Le truppe cattoliche imperiali occupano Wismar nel 1627. La città sulla costa del Baltico viene presto dichiarata porto di guerra dell'Imperatore. Questo fu un disastro per la grande potenza svedese, che voleva assumere il controllo della regione baltica. I loro piani furono espressamente messi in pericolo nel 1628, quando Rostock cadde nelle mani dei cattolici e fu costruita una flotta navale imperiale. Il famoso eroe di guerra degli Asburgo, Wallenstein, fu addirittura nominato "Generale dei mari baltici e oceanici".

Gustavo Adolfo, Re di Svezia, decide di contrastare questa espansione. Conosce la Germania da un viaggio segreto nel 1620 e sa come fare i preparativi appropriati.

Nel maggio 1630, il re attraversò il Mar Baltico con 13.000 soldati. Due mesi dopo, mette piede a Usedom. Le truppe imperiali presenti fuggono immediatamente alla vista della grande potenza. Un miracolo si avvera per i protestanti in Germania. Dopo la sconfitta della Danimarca, vedono il re svedese come il salvatore della loro confessione. Per sottolineare la sua gloria, Gustavo Adolfo viene chiamato "Leone di Mezzanotte", il cui aspetto mitico risveglia la speranza nei cuori protestanti.

E la campagna svedese si rivela subito un enorme successo. Dopo aver stretto un'alleanza con la Pomerania il 20 luglio, l'esercito svedese occupa Anklam e Wolgast. Esattamente due mesi dopo, Stralsund e il Ducato di Meclemburgo, precedentemente di proprietà di Wallenstein, appartengono al regno svedese.

Gustavo Adolfo prosegue verso sud con il suo esercito. Nell'aprile del 1631, conquista Landsberg an der Warthe e Francoforte sull'Oder.

Poi la situazione diventa urgente. Gli Svedesi cercano di raggiungere Magdeburgo in una marcia veloce per salvare dalla distruzione la città commerciale protestante minacciata dai comandanti imperiali Tilly e Pappenheim. Il salvataggio arriva troppo tardi. Sebbene gli Svedesi catturino le vicine Berlino e Potsdam, non riescono a impedire l'orrore. Magdeburgo cade nelle condizioni più crudeli. Sebbene la roccaforte protestante sia persa, risveglia lo spirito di resistenza dei protestanti in tutto l'impero. Gustavo Adolfo è ora chiaramente visto come una figura di salvatore contro la supremazia cattolica, che era ancora così disprezzata. Gli opuscoli raccontano le vittorie di Gustavo e galvanizzano i protestanti contro la tirannia austriaca.

Nel frattempo, gli Svedesi continuano ad avanzare. A luglio, occuparono Havelberg e sconfissero l'esercito di Tilly a Breitenfeld. Il vantaggio degli svedesi è la rapida cadenza di fuoco dei loro cannoni e le ingegnose formazioni, che consentono una maggiore mobilità. Wernigerode ed Erfurt cadono a settembre, la Selva di Turingia e Schweinfurt a ottobre. Francoforte sul Meno e Mainz cadono nelle mani degli Svedesi a dicembre.

Gustavo Adolfo ha raggiunto il culmine del suo regno. Un'ampia regione della Germania centrale, da nord a sud, viene conquistata dal suo esercito in un tempo molto breve. Wismar, Rostock e Dömitz si aggiungono alla lista. La carriera navale dell'Imperatore si arresta e il suo potere viene spietatamente ridotto. Il suo stesso popolo gli si rivolta contro. Solo un decimo dei circa 150.000 sotto Gustav Adolf sono scandinavi. Oltre a scozzesi e italiani, soprattutto i protestanti tedeschi si uniscono alla lotta contro l'imperatore.

Nel marzo del 1632, tutta Norimberga festeggia l'arrivo degli Svedesi. Sembrano intoccabili. Ma una paura affligge gli eredi dell'Impero Gotico: gli scarsi resti finanziari testimoniano la campagna su larga scala.

Per finanziare il suo esercito, Gustavo Adolfo fece riscuotere elevati tributi dalla città di Augusta, appena caduta, nel mese di aprile. Forse è stato un tentativo di riappacificazione che ha spinto il re a partecipare a una funzione religiosa cattolica, ma anche i tributi dai suoi territori appena sottomessi sono arrivati troppo tardi. Accecato dalla vittoria, spinge la sua forza finanziaria al limite. Le gravi carenze diventano evidenti quando gli mancano i mezzi per prendere Ingolstadt in aprile. Sconfitto, il re ritira il suo esercito. Ma non è sufficiente.

In Svevia e in Baviera, i contadini iniziano a resistere ai fastidiosi soldati e mercenari. Gli Svedesi sono costretti a trincerarsi a Norimberga quando si diffonde la notizia che Wallenstein ha annunciato la sua intenzione di sostenere i ribelli. Gustavo Adolfo riesce a difendere la città dalle forze mercenarie di Wallenstein fino alla fine di agosto, ma la fame e le malattie affliggono gli Svedesi. Non ci sono più rifornimenti da cui prendere cibo o medicine, quindi Gustav intraprende la battaglia decisiva contro le forze imperiali.

Il 16 novembre 1632, i due eserciti si incontrano a Lützen. In realtà sembra che la Svezia vinca la battaglia, ma verso mezzogiorno il campo di battaglia viene coperto da una fitta nebbia.

Inconsapevolmente, Gustav Adolf cavalca in mezzo ai soldati nemici che la nebbia gli ha nascosto. Dopo diversi colpi, l'amato re cade da cavallo e muore a causa delle ferite da proiettile.

Gli Svedesi vincono la battaglia, ma con la caduta del leone cade anche la sete di azione. Il suo corpo viene portato nella chiesa di Wittenberg. Un luogo simbolico. Lutero affisse le sue tesi sulle sue porte. Il re, che è morto combattendo per i protestanti, trascorre una notte nel luogo di nascita della Riforma. E Wallenstein? È il momento perfetto per colpire e forse anche scacciare gli Svedesi dal suolo tedesco, ma l'esperto comandante non reagisce. Per tutto l'anno 1633, mette in attesa tutti gli sforzi militari contro gli Svedesi. Quando si astiene dal liberare Ratisbona, sottomessa dagli Svedesi, nel 1634, lo scetticismo si diffonde alla corte viennese. Fu l'inizio di una tragedia.

All'imperatore Ferdinando II vengono raccontati degli intrighi. Lo stesso Wallenstein era interessato alla corona imperiale. Si alleò persino con gli Svedesi. Forse la verità? O voci maligne? Ferdinando II agisce. Ordina l'assassinio di Wallenstein. Il 24 febbraio 1634, il comandante riceve la ricompensa per il suo servizio fedele dal 1625, quando viene pugnalato a morte dall'irlandese Walter Deveroux.

Nell'estate del 1634, la Lega Cattolica espelle la Svezia dalla Germania meridionale dopo la battaglia di Nördlingen.

MATRIMONIO DI SANGUE A MAGDEBURGO

1631

Una città in fiamme. Nessun evento della Guerra dei Trent'anni passa alla storia come la distruzione di Magdeburgo. L'attacco è quasi l'epitome della guerra ed è considerato la testimonianza più cupa della sua violenta follia. Per i contemporanei è particolarmente terribile. Traumi e paure si diffondono. Magdeburgo diventa uno spettro, un simbolo della decadenza onnipresente e dell'incertezza degli attacchi violenti. Anche la parola "magdeburghese" diventa un luogo comune e descrive la distruzione totale.

È il 20 maggio 1631. 22.000 soldati imperiali di Tilly si riuniscono davanti alle mura della città. A loro si uniscono circa 6.000 mercenari sotto la guida del suo vice Pappenheim. La città di fronte a loro è una delle città più grandi e più ricche dell'epoca. La sua posizione strategica e i fertili campi di grano la rendevano un oggetto ambito. Il problema: all'inizio, la popolazione di Magdeburgo decise a favore degli insegnamenti di Martin Lutero. I cattolici erano chiaramente in minoranza. Tuttavia, la città si sforzò di mantenere la sua neutralità durante la guerra. Ora questo sforzo sembra crollare. Nonostante il pericolo imminente di Johann von Tilly, gli abitanti di Magdeburgo decidono di non accettare l'offerta di resa. Sperano nel sostegno dell'esercito svedese.

Verso le 7 del mattino, è arrivato il momento: Johann von Tilly vuole prendere la città con la forza. Un pesante bombardamento colpisce prima Magdeburgo. I soldati, soprattutto i Pappenheimer, invadono la città. Sono loro che iniziano rapidamente ad accendere fuochi, che hanno un effetto venerante nel corso della 'conquista'. L'improvvisa indifesa degli abitanti di Magdeburgo spinge i soldati di Pappenheim ad assumere una posizione particolarmente violenta. Non sono più padroni dei loro sensi e diffondono un orrore inimmaginabile nella città. I crimini più orribili subiti dagli abitanti di Magdeburgo in questa terribile ora della storia europea furono l'impalamento di bambini e lo stupro infinito di ragazze e donne. Si dice che la brutalità dei soldati fosse così spietata che persino Tilly e Pappenheim rimasero scioccati e incomprensibili. Non era loro intenzione distruggere la città strategicamente favorevole. La loro intenzione era di catturarla per i loro scopi. Ma i soldati li scavalcarono e rasero al suolo la città. Anche il diritto di asilo nelle chiese fu annullato. Solo i pochi che si rifugiarono nella Cattedrale di Magdeburgo furono risparmiati dai soldati. Alla fine, la maggior parte degli edifici è scomparsa, lasciando spazio alle epidemie e all'odore di decadenza. Dei 35.000 abitanti originari, alla fine ne rimangono circa 450.

Suggerimento:

Dia un'occhiata (anche su Internet) alle illustrazioni del Matrimonio di Magdeburgo. Da queste può vedere quale impressione fece ai contemporanei una tale campagna di sterminio.

L'ARTE DELLA GUERRA

1634-1638

Dopo che gli Svedesi vengono respinti, il campo di battaglia europeo si espande. I francesi si sentono obbligati a unirsi ufficialmente alla Grande Guerra. L'intenzione del Cardinale Richelieu, come politico estero, è di rafforzare il sostegno degli Svedesi nella regione baltica rimanente, per presentarsi come un alleato attraente, se non necessario.

Questo è di grande importanza per la Francia, perché il regno si sta dirigendo da tempo verso una guerra con la temuta Spagna. Le due superpotenze si stanno preparando per un conflitto militare dal 1632. La Strada Spagnola era al centro della scena. Una via di rifornimento che conduceva dall'Italia ai Paesi Bassi. Per la Francia, la conquista della via di rifornimento da parte della Spagna rappresenterebbe una minaccia e significherebbe anche la conquista della sovranità francese. Per questo motivo, entrambe le parti si posizionarono sempre più lungo il Reno. Questo non fece altro che alimentare un possibile scoppio del conflitto.

La Svezia e i Paesi Bassi erano dalla parte dei francesi dal 1634. Erano preoccupati per il crescente potere degli Asburgo e quindi stipularono un'alleanza con i Borboni. La Spagna, d'altra parte, ha stretto un'alleanza con l'Imperatore smettendo di pagare le tasse a Vienna. La perdita della fonte di denaro fondamentale degli Asburgo rischiava di far perdere potere all'Imperatore e di fermare la sua riconquista dell'impero. In ottobre, il governo viennese accetta la richiesta di sostegno militare degli Asburgo spagnoli da parte delle truppe cattoliche imperiali.

L'escalation arriva quando la Spagna occupa Treviri nel marzo 1635 senza alcuna base prevedibile e fa prigioniero l'Elettore. Questo costringe la Francia ad agire. Il regno, che in realtà era ancora alla ricerca di alleanze, dovette smettere di reclutare e prendere una decisione. Il 19 maggio 1635, Luigi XIII dichiarò che la cattura dell'Elettore era una violazione del diritto internazionale, giustificando così la dichiarazione ufficiale di guerra alla Spagna. Il conflitto scoppiato tra Francia e Spagna aggiunse agli effetti della Guerra dei Trent'anni territori di vasta portata in Europa e allargò l'attenzione dal Sacro Romano Impero a tutta l'Europa. La faida tra Francia e Spagna durò per 25 anni, ossia oltre la Guerra dei Trent'anni. La situazione è così estenuante che le nazioni iniziano lentamente a sostituire le uccisioni, la fame e le malattie senza fine con il desiderio di pace. Ma la strada per una tregua è difficile e richiede molto tempo.

Testimonianze dell'orrore

Dalla prospettiva odierna, sarà probabilmente impossibile catturare l'atmosfera piena e terrificante del campo di battaglia durante la Guerra dei Trent'anni. Ciò che ci rimane sono testimonianze individuali e sparse di quel periodo, quando la realtà quotidiana delle persone era caratterizzata da paura e sofferenza. Quali preoccupazioni affliggevano la popolazione comune e con quali vizi lottavano i soldati? Che ruolo hanno avuto le donne nella guerra? Che cosa sa dei numerosi e spietati processi alle streghe che si riaccesero in mezzo a tutte le distruzioni?

LA VITA DEI MERCENARI - PETER HAGENDORF

Se le parole "esercito" e "soldati" le fanno pensare a uomini forti che passano senza paura da una battaglia all'altra, i frammenti sul soldato nella Guerra dei Trent'anni le presenteranno un mondo diverso. I soldati non erano affatto forti. I resoconti testimoniano di uomini tormentati dalla fame e dalle epidemie, con stracci sottili e a brandelli che coprivano le loro ossa emaciate. La vita nell'esercito non è solo dura, ma anche breve. Uno studio svedese ha dimostrato che il mercenario medio sopravvive a tre anni e quattro mesi di guerra. Dopo più di trent'anni, è una constatazione che fa riflettere. Ma come si possono immaginare gli sfortunati che sono condannati a un destino difficile?

Con l'ascesa della "compagnia militare", cresce l'importanza dei mercenari. Vengono da tutto il mondo, comprese Scozia, Irlanda e Italia, per unirsi allo sforzo bellico in cambio di un salario sicuro. Spesso indossano abiti colorati, arricchiti da piume o ornati da decorazioni. Questo li allontana dalla società civile, alla quale di solito non sentono di appartenere. Se non portano con sé il proprio equipaggiamento, devono pagare molto denaro per comprarlo da soli. L'avancarica è un'arma particolarmente popolare. È stato conservato il diario di un mercenario che ha combattuto per l'esercito cattolico nel Sacro Romano Impero. Le sue note riassumono la sua vita e ci danno un'idea della carriera del soldato.

Peter Hagendorf è il nome associato al diario che è sopravvissuto fino ad oggi. Nel 1627, si unisce all'esercito cattolico per 4 talleri al mese. Scrive immediatamente ciò che lo emoziona. Nel 1631, assiste alla distruzione di Magdeburgo. Il suo contributo fu esiguo e fu gravemente ferito da due colpi di pistola proprio all'inizio della conquista. Peter si ritiene fortunato, perché non solo sopravvive alle ferite, ma la sua capacità di leggere e scrivere gli fa guadagnare un lavoro come impiegato in un ospedale militare. Questo gli risparmia le battaglie imminenti, per il momento. Tuttavia, la Guerra dei Trent'anni gli impone un duro e triste tributo. Il mercenario, che ha percorso circa

22.500 chilometri durante il suo servizio ed è stato testimone di varie atrocità, ha perso sette dei suoi nove figli negli ultimi anni di assassini e omicidi.

CON IL TRENO

L'idea che solo gli uomini partecipino alle battaglie e saccheggino la terra lasciata alle spalle è superata. Un gruppo variopinto di civili è sempre presente quando viene sguainata la spada. Questo include un gran numero di donne. Il cosiddetto "Tross" è estremamente versatile e si occupa delle provviste dei soldati. Viaggia sempre con l'esercito e può essere anche 3 o 4 volte più grande. Nella truppa sono riuniti diversi gruppi professionali. Logisti, medici e artigiani, ma anche vivandieri e birrai sono responsabili delle esigenze delle truppe. Nel Medioevo, i vivandieri si occupavano degli effetti personali dei soldati. I fabbri da campo cercavano di mantenere la qualità delle armi, mentre i birrai producevano pasti utili. I barbieri si occupano delle esigenze igieniche e i predicatori soddisfano il bisogno di presenza spirituale. Gli indovini e gli esoteristi si mescolano alla gente, così come i rifugiati e le prostitute. Naturalmente, la cavalcata è anche in costante compagnia di numerosi animali da fattoria che viaggiano con lei.

Le cosiddette "mogli dei soldati" sono particolarmente interessanti. Queste donne non aspettavano a casa il ritorno dei loro mariti, ma viaggiavano con loro e le loro famiglie. Si occupano della tenda, delle faccende domestiche più necessarie e dei bambini che portano con sé. Occasionalmente, le donne partecipavano anche ai saccheggi e depredavano i resti sui campi di battaglia.

DONNE IN GUERRA - ELISABETH GEMMEROTH E LA SCOPERTA DELLA DISUMANITÀ

Elisabeth Gemmeroth vive in una truppa. La moglie dell'ufficiale svolge tutti i compiti che lei dà per scontati come moglie dell'epoca. E se non fosse per le battaglie e le epidemie, potrebbe avere l'impressione di condurre una vita del tutto normale. Ma l'esercito marciava e le truppe lo seguivano. Da Rostock, passando per l'Italia e tornando a Stendal, la fila infinita di persone continua a marciare, battaglia dopo battaglia. Come per la maggior parte delle persone derubate dalla guerra, non si sa molto della vita di Elisabeth Gemmeroth. Solo le tombe dei suoi figli, trovate in quattro luoghi diversi, testimoniano la loro esistenza; solo un figlio sopravvive. Ed Elisabeth? Muore in battaglia. Mentre la battaglia tra l'Impero e gli Svedesi infuria vicino a Wittstock, la moglie del soldato cerca di fuggire. Non conoscendo la strada, viene catturata nel vivo dell'azione e subisce una ferita mortale. Il suo cuore smise di battere il 4 ottobre 1636. Un sermone scritto in occasione del suo funerale racconta la sua storia.

Ma cosa succede alle donne che sono rimaste a casa? Immagini di essere una donna durante la Guerra dei Trent'anni. Probabilmente si starà chiedendo quali effetti abbia la guerra su di lei. In breve, lei è sola. Sono le donne a dover sperimentare quelli che sono probabilmente i peggiori crimini contro l'umanità. I fratelli dei monasteri, in particolare, forniscono impressioni sull'orrore che i soldati violenti hanno diffuso nei villaggi e nelle città. Raccontano di stupri di massa, un numero non trascurabile dei quali porta alla morte di donne innocenti. Quelle che non sono state violate fino all'ultimo respiro vengono mutilate, annegate o abbandonate ai loro traumi. Le donne che hanno la fortuna di essere risparmiate dai brutali attacchi devono vedere tutti i loro averi scomparire nel nulla. Ogni volta che i soldati rimangono in una regione, consumano una quantità insostenibile di provviste, che prendono con la forza dai villaggi e dalle città vicine, se necessario. Ci sono villaggi che vengono saccheggiati circa 18 volte.

UNA NAZIONE BRUCIA

Stregoneria! Lei è stato accusato. I soldati che saccheggiano, la fame e le piaghe mortali rendono la sua vita un peso, e ora è anche accusata di stregoneria. Per quanto incomprensibile possa sembrarle il ragionamento del suo accusatore, ci sono poche possibilità di salvezza.

La situazione è particolarmente fatale per le donne del Sacro Romano Impero della Nazione tedesca. Mai prima d'ora così tante pire bruciate hanno caratterizzato le sagome dei villaggi tedeschi. Il maggior numero di streghe al mondo è stato giustiziato qui. L'aumento della ricerca di capri espiatori è certamente legato ai fallimenti dei raccolti, alle pandemie e agli orrori della guerra, dato che i processi a sangue freddo seguiti alla

Riforma si erano in gran parte attenuati negli anni '20 del secolo scorso. La persecuzione delle streghe non è un comandamento statale. L'amministrazione autonoma della maggior parte delle regioni permetteva una giustizia vigilante incontrollabile. La popolazione si orientò verso il famoso "Hexenhammer" ("Martello delle streghe") del religioso Heinrich Kramer. In esso, egli diffonde le sue idee sui sintomi della stregoneria, su come affrontare una strega e sul corso che dovrebbe avere un processo alle streghe. L'opera non li aiuta. È molto improbabile che sappiano leggere, e comunque non sanno leggere il latino. Quindi hanno poche opzioni per proteggersi da una persecuzione arbitraria. Se si seguono le istruzioni di Kramer, si può immaginare un tipico processo alle streghe in questo modo. Innanzitutto, una persona deve essere accusata di essere una presunta strega o stregone. Le dispute personali spesso giocano un ruolo importante in questo caso. La persona accusata finisce poi in prigione e deve attendere nelle fredde prigioni o celle per un ulteriore procedimento. Segue un interrogatorio, di solito in tre fasi, in cui di solito si ricorre alla tortura. È possibile anche un processo alle streghe, che ha lo scopo di scoprire l'alleanza demoniaca con il diavolo. In ogni caso, le vittime sono solitamente costrette a confessare. Prima che la strega venga bruciata, di solito le viene chiesto se conosce altre streghe. Un'opportunità per vendicarsi delle persone o per sperare invano in una riduzione della punizione.

Durante la Guerra dei Trent'anni, circa 25.000 persone innocenti furono vittime degli eccessi della mania delle streghe. Bamberg e Würzburg sono tra i centri. Oltre alle donne, muoiono anche alcuni uomini. I loro nomi vengono solitamente portati via dal vento insieme alle loro ceneri.

Tuttavia, la giornalista scientifica Eva-Maria Schnurr scrive di un nome. Anche se è raro, un processo alle streghe non finisce sempre in modo fatale. Il nome è Christine Meurer. È la padrona di casa della locanda Swan. Viene accusata di stregoneria e sortilegio da 19 cittadini della piccola città di Büdingen. Il boia utilizza diversi metodi di tortura per estorcere una confessione a Christine. Ma Christine rimane forte e questo la rende un caso speciale nella storia. Nonostante l'impiccagione a una carrucola, che le sloga le articolazioni della spalla, e nonostante la vite a testa zigrinata che le scheggia le ossa, Christine rifiuta di cedere. Non riconosce l'accusa di essere una strega. In effetti, il tribunale si arrende. A Christine viene concesso o imposto di lasciare il Paese. L'unica condizione: Christine non deve mai parlare del processo. I funzionari temono un atto di vendetta da parte della donna, che ritengono ancora una strega.

SUONI DI SPERANZA

Cosa pensa della letteratura? Trova difficile leggere le poesie, o si commuove di fronte alle affermazioni floride? Le poesie e le canzoni sono un'importante testimonianza dei mondi passati. In realtà riportano sempre i pensieri che muovono una società o un individuo.

Il giornalista Michael Sontheimer si è concentrato su un poeta durante la Guerra dei Trent'anni. Si tratta del pastore protestante Paul Gerhardt. Il futuro poeta nacque nel marzo del 1607, quindi aveva solo undici anni quando i governatori cattolici furono gettati dalla finestra del Castello di Hradčany e la guerra scoppiò gradualmente in Europa. Per la maggior parte della sua vita, il disastro lo accompagnò. La sua vita fu caratterizzata da perdite fin dalla più tenera età. I suoi genitori morirono quando era ancora giovane e i suoi fratelli morirono poco dopo di peste. Il single studiò teologia per 15 anni prima di trasferirsi a Berlino nel 1643, dove scrisse le sue canzoni cristiane. Scrisse poesie sulla fede e sulla speranza. Le sue canzoni trasmettono speranza attraverso la loro leggerezza. In particolare, il pastore cerca di aiutare la moglie a superare la depressione dopo la morte del figlio.

Tuttavia, le canzoni di Paul hanno trovato rapidamente altri ascoltatori. Le sue 139 canzoni sono state tramandate nei canzonieri protestanti e cattolici. La speranza è sempre stata la risorsa più importante per sopravvivere a una crisi. La speranza è l'unica cosa che Pandora lascia all'umanità dopo aver portato su di loro ogni tipo di miseria. È incarnata nelle canzoni di Paul Gerhardt. Scrive poesie:

"Il modo in cui lei e gli altri spesso vi trovate
non è davvero nascosto a Lui;
Egli vede e conosce dall'alto
i dolori dei cuori afflitti.
Conta il corso delle calde lacrime
e comprende tutti i nostri desideri".

Un nuovo mondo

Passano anni e anni, i villaggi vengono sradicati e intere città scompaiono sotto la violenza devastante della Guerra dei Trent'anni. La piaga della brutalità e delle epidemie sembrava non voler mai lasciare i Paesi europei. Ma per quanto grande possa essere la sete di guerra e la testardaggine delle parti, le numerose avversità portano infine il continente alla stanchezza bellica. Tuttavia, non bisogna immaginare la pace come un obiettivo tangibile. Diversi anni di noiosi negoziati, accompagnati da ulteriori battaglie, ostacolano una pace definitiva.

La prima speranza di porre fine alle sofferenze si accende proprio sul suolo tedesco, segnato come nessun altro dalla violenta distruzione della guerra. Presumibilmente proprio per questo motivo, il primo passo verso un cessate il fuoco europeo viene compiuto qui. Nessuna popolazione è esausta come i tedeschi. Il Sacro Romano Impero della Nazione Tedesca non è solo teatro dei propri conflitti, ma anche, dopo gli ultimi sviluppi, dei conflitti tra Svezia, Francia e Spagna.

Per segnare l'inizio di una pace universale, l'Imperatore Ferdinando II e l'Elettore di Sassonia Giovanni Giorgio concludono un trattato di pace a Praga. In precedenza, la Sassonia era stata alleata della Svezia. Dopo la morte del suo re, l'elettorato prese le distanze dagli Svedesi. Johann Georg voleva dare una lezione militare all'ostinato imperatore, ma l'elettore era contrario a un sovrano straniero nell'impero. La morte di Gustavo Adolfo, con cui aveva stipulato personalmente l'alleanza, servì a Johann Georg come motivo per annullarla. Per questo motivo, l'Imperatore e l'Elettore si avvicinarono, portando alla firma del trattato di pace a

Praga il 30 maggio 1635. L'aspetto sorprendente della Pace di Praga è la sua circostanza innovativa per l'epoca, perché sebbene la pace sia stata effettivamente stipulata solo tra due persone, l'importante documento si applicava all'intero impero.

Agli Stati imperiali protestanti viene raccomandato con urgenza di riconoscere la pace. Un numero sufficiente di loro lo fa. Per la prima volta in diversi decenni, i conflitti tra le parti nell'Impero si placano. La pace imperiale è considerata ripristinata. La notizia viene diffusa in tutte le direzioni attraverso la stampa e spiega la legittimazione della pace ai possedimenti e ai principi imperiali. Ci sono concessioni sia da parte cattolica che protestante. Tutte le alleanze speciali vengono sciolte e le forze armate dell'Impero si riuniscono nuovamente dietro l'Imperatore per formare un grande esercito imperiale.

Ma questo non era sufficiente. L'Elettore sassone Johann Georg, in particolare, cerca di convincere gli Svedesi della Pace di Praga, poiché anche a loro viene offerta la tregua. Tuttavia, la situazione è cambiata. A causa del loro recente impegno contro la Francia asburgica, gli Svedesi si astengono dall'aderire alla Pace di Praga. La pace universale crolla così. Una nuova era di guerra nasce dalle tensioni tra Francia e Spagna, che supereranno la precedente portata della guerra. La Germania, in particolare, soffre per il suo uso spietato come teatro di guerra.

TRA L'OMICIDIO E LA CENA

La guerra continua per altri cinque anni prima che emerga la prospettiva di una pace europea. Il periodo di guerra appena acceso spinge soprattutto la Germania all'esaurimento. Le tenute imperiali e i principi dell'Impero chiedono espressamente all'Imperatore di unirsi agli imminenti negoziati di pace. Con il nuovo esercito imperiale, l'Imperatore Ferdinando III pensava che una vittoria per il Sacro Romano Impero fosse ancora possibile. Non così i nobili sotto la sua corona. Perseverarono nel convincere l'Imperatore a firmare la Pace Preliminare di Amburgo nel 1641, aprendo le porte a un nuovo capitolo in Europa, di cui c'era estremo bisogno. Senza le concessioni dell'Imperatore per fare la pace, la sopravvivenza dell'intera nazione tedesca, che aveva già perso metà della sua popolazione, era minacciata.

Nel 1644, i negoziati di pace iniziano a Osnabrück e Münster, dopo che tutti i rappresentanti delle parti in guerra sono finalmente arrivati. Tra questi c'erano l'imperatore Ferdinando III, i principi e i possedimenti imperiali, la Svezia, la Francia e persino i Paesi Bassi e la Spagna.

A Osnabrück, l'Imperatore negozia principalmente con gli Svedesi e gli Evangelisti, che sono ancora alleati, mentre incontra la Francia a Münster. Quando la pace viene negoziata, la guerra è ancora in corso. Svezia, Francia e Spagna, in particolare, cercano di ottenere guadagni attraverso battaglie simultanee che sostengono le loro richieste e posizioni nei negoziati. I soldati continuano a morire sui campi di battaglia e i cittadini continuano ad affrontare il peso dei saccheggi e delle epidemie causate dalla decadenza, mentre i rappresentanti delle loro nazioni nei negoziati si trasferiscono in alloggi lussuosi e cenano con piatti d'oro. I negoziati sono così sontuosi che quasi tutte le nazioni si indebitano profondamente. Non sorprende che la corruzione non venga trascurata durante l'incontro. Alcune richieste possono essere accettate solo con una dote adeguata.

Gli Estati Imperiali si aspettano che l'Imperatore sciolga l'alleanza con la Spagna per placare la Francia. In realtà, la pace era già stata stabilita con la Svezia nel 1645, poiché altrimenti avrebbe occupato l'importante città imperiale di Dresda. La Spagna concede alle province olandesi la loro indipendenza nel gennaio 1648. Di particolare importanza sono le risoluzioni secondo cui tutte le denominazioni nell'impero saranno considerate uguali in futuro. Lo statista imperiale Maximilian von und zu Trauttmansdorff fu estremamente utile nella stesura del trattato, dimostrando un'abilità nel riconciliare e mediare tra le nazioni. Solo con la Spagna si scontrò con fronti duri.

Tuttavia, dopo diversi anni di negoziati di pace, in cui non bisognava sottovalutare le guerre ancora esorbitanti, la Pace di Westfalia fu firmata il 24 ottobre 1648, ponendo ufficialmente fine alla Guerra dei Trent'anni. L'ultima battaglia sanguinosa in Boemia terminò solo nove giorni dopo l'accordo. La popolazione europea quasi perì nella sua più terribile catastrofe fino ad allora.

Sebbene la notizia dell'accordo di pace diffonda una gioia generale, c'è ancora il timore di un possibile nuovo scoppio della guerra. La guerra potrebbe essere ufficialmente terminata, ma tutti i mercenari sono rimasti nel Paese. E mentre la popolazione parla con entusiasmo della pace, la Francia è meno euforica. Tuttavia, anche i Borboni sono preoccupati dalla guerra civile.

Ma perché le persone si combattono da 30 anni nonostante siano stanche della guerra? Dopo tutto, i cittadini tedeschi sono stati a favore della pace fin dall'inizio della guerra. E anche i leader militari di successo come Wallenstein si sono presto dimostrati pacifici. Un problema fondamentale delle guerre passate è il concetto di "pace onorevole". A differenza della concezione odierna, non si tratta di un cessate il fuoco immediato, ma di negoziare i propri interessi politici. Il fattore più importante in questo caso era solitamente una situazione militarmente sostenibile. La pace poteva prevalere, per così dire, se la nazione era teoricamente in grado di scoppiare un'ulteriore guerra. Il fatto che ogni nazione avesse la propria idea di una posizione militarmente valida significava che l'accordo sulla pace veniva ritardato. Solo nel 1645, ad esempio, l'Imperatore, la cui popolazione subì il maggior numero di morti, fu convinto da Dresda e

Vienna a ridurre le proprie richieste e a prendere in considerazione le esigenze delle altre nazioni.

Gli storici oggi giudicano la Pace di Westfalia in modo diverso. Ciò che tutti considerano progressista è l'idea che non ci possa essere un signore supremo sull'Europa. Il sistema di Stati multipli come lo conosciamo oggi viene accettato. Tuttavia, viene anche criticata perché non ha portato al tipo di pace perpetua che si cercava. Spagna e Francia continuarono a combattere e le nazioni non furono particolarmente tolleranti negli anni a venire. Tuttavia, troviamo l'assemblea diplomatica come un elemento ricorrente e formativo dei futuri negoziati di pace, come ad esempio al Congresso di Vienna all'inizio del XIX secolo.

Cosa rimane

La guerra di annientamento devasta l'Europa per tre decenni, lasciando dietro di sé solo pallidi ricordi di una realtà ragionevolmente pacifica e familiare. Cosa rimane a una popolazione che ha assistito all'ora più buia della sua esistenza? Le conseguenze della guerra hanno un effetto devastante sulle generazioni di allora e su quelle future.

CONSEGUENZE

Niente si afferma in modo più esplicito in guerra dell'onnipresenza della morte. Anche prima della Guerra dei Trent'anni, la vita nel Medioevo doveva essere goduta con cautela. In altre parole, la morte non è una novità. Anche se le ferite potevano essere curate bene già nel XVI secolo, se la malattia aveva una causa che i medici non potevano vedere immediatamente, di solito si affidavano a metodi di trattamento religiosi. Non sorprende quindi che ci sia un alto tasso di mortalità tra le persone affette da malattie 'invisibili'. Rispetto agli effetti della Guerra dei Trent'anni, tuttavia, questo numero sembra trascurabile. Dell'intera popolazione europea, in particolare dell'Europa centrale, circa il 40% è stato vittima delle conseguenze della guerra. Ci sono persino aree in cui è morto fino al 70% della popolazione originaria.

Il risultato è un trauma collettivo che dura per diverse generazioni in alcune aree, come Magdeburgo. La devastazione lasciata è particolarmente evidente in Boemia. Si stima che qui siano stati rasi al suolo circa 1000 villaggi. Sono stati distrutti anche circa 250 castelli e 100 città. La popolazione è rimasta segnata dagli orrori di cui è stata testimone. Un rapporto inglese del 1636 elenca le seguenti atrocità commesse dai soldati, tra le altre: Oltre allo stupro e al rogo delle streghe, compaiono anche lo schiacciamento del cranio, l'impiccagione delle persone sul fuoco, la lavorazione del viso con scalpello e martello e la bevanda svedese. Una miscela di liquami e feci viene versata nella bocca della vittima, causando terribili ustioni allo stomaco e spesso provocando la morte.

Case diroccate, campi sradicati fino all'aridità e forniture consumate contribuiscono alla crisi durante e dopo la guerra. La fame rimane una delle piaghe più grandi. Oltre all'era glaciale ancora in corso, i campi distrutti impediscono la coltivazione di alimenti di base. Le fonti riportano persino il cannibalismo in aree particolarmente colpite.

Mentre la Francia e la Gran Bretagna se la cavarono piuttosto bene, gli sviluppi in Germania furono lenti. A differenza degli Stati più grandi, il Reich impiega un secolo per riprendersi. Solo intorno al 1700, la popolazione torna a crescere. Ma ci sono anche luoghi dell'Impero che hanno beneficiato della guerra. Amburgo e Brema, ad esempio, insieme a Strasburgo, alla Svizzera e ai Paesi Bassi, meritano un luogo di rifugio per i rifugiati tedeschi. Tutte le rotte commerciali dell'Europa si concentrano sempre più sull'Occidente, dove è possibile una vita migliore.

La guerra ebbe conseguenze anche per le proprietà del Sacro Romano Impero. La nobiltà in particolare si sentì minacciata. La nobiltà perse potere e autorità a causa della maggiore perdita di sovranità e della difficoltà di proteggere i propri possedimenti durante la guerra. I nobili protestanti, in particolare, trovarono sempre più difficile provvedere alle loro famiglie. Il senso di giustizia promosso dalla Pace di Westfalia significava anche che i nobili erano obbligati a fare più burocrazia di prima. Se i sudditi commettono un'ingiustizia nei confronti del signore del maniero, la questione deve essere prima sottoposta a processo e non può essere gestita con minacce o sanzioni cieche come in precedenza. I nobili erano anche preoccupati per la nuova fiducia dei contadini in se stessi, legata al loro armamento in guerra. I nobili sono sempre più costretti a mettersi al servizio dei principi. Questo li rese più dipendenti e allo stesso tempo rafforzò l'importanza del patrimonio principesco. Questo fu un investimento particolarmente redditizio per la corte imperiale di Vienna. Concedeva territori - soprattutto dall'Oriente, in particolare dalla Boemia - ai nobili e creava così una forte alleanza economica. La corte imperiale viennese fu anche una delle poche a uscire dalla guerra con un profitto.

La vita nelle campagne è ancora più deprimente. Sebbene l'armamento dei contadini li aiuti a diventare più indipendenti e renda più facile l'acquisto di un'azienda agricola per un breve periodo, la vita rurale rimane poco redditizia e ingrata. Ciò è dovuto principalmente alla mancanza di terreni utilizzabili. Per questo motivo fuggono verso le città, dove sperano di trovare un reddito di base ragionevolmente decente. Un problema è rappresentato dalle violente ondate di epidemie, che si diffondono soprattutto nei vicoli delle strade e hanno più difficoltà nelle campagne. Questo non rende facile la decisione di fuggire dalla campagna alla città.

La sovrappopolazione si verifica spesso nelle città grazie al gran numero di rifugiati. Questo distrugge i sistemi economici consolidati creando un'eccedenza di manodopera, per cui l'offerta dei molti nuovi cittadini non è garantita.

LO SPIRITO DEL DISASTRO

La Guerra dei Trent'anni rimane ancorata nella coscienza delle persone per molto tempo e le turba con ricordi terribili o con la paura di nuovi scoppi di conflitto. Il *Memento mori* e la *vanitas* divennero i pilastri principali dell'arte e della poesia barocca e testimoniano le terrificanti impressioni della Guerra dei Trent'anni. Anche Friedrich Schiller scrisse sulla catastrofe e persino un'opera teatrale su Wallenstein. La guerra continuò il suo orrore nello spirito della nazione. Lo storico Johannes Burkhardt la definisce la "guerra delle guerre". Il poeta Andreas Gryphius ha racchiuso l'intera portata della sua crudeltà nei versi impressionanti delle sue "Lacrime della Patria":

> *"Tutto il sudore e la diligenza*
> *e le scorte sono state spese.*
> *Le torri sono in fiamme,*
> *la chiesa è sottosopra.*
> *Il municipio giace grigio,*
> *le bare sono in rovina.*

Le fanciulle sono profanate

e ovunque si guardi c

'è fuoco, peste e morte" ~ intorno al 1636/37

Suggerimento:

Le poesie barocche spesso testimoniano il ricordo della morte. *Memento mori* significa qualcosa come "sii consapevole della tua mortalità". La *Vanitas* dovrebbe servire come promemoria costante della decadenza terrena.

Legga le poesie barocche. Sicuramente incontrerà spesso la presenza costante di un sottofondo cupo. Sono un pezzo di cultura della memoria